AF243102

POLITIQUE

DE L'ESPAGNE

ENVERS LE PORTUGAL,

ET DE L'APPUI

QU'ELLE TROUVE DANS LES TORYS

EN ANGLETERRE.

A LYON,

IMPRIMERIE DE A. BRUNET,

GRANDE RUE MERCIÈRE, N° 44.

✳

1831.

POLITIQUE

DE L'ESPAGNE

ENVERS LE PORTUGAL,

ET DE L'APPUI

QU'ELLE TROUVE DANS LES TORYS

EN ANGLETERRE.

—————

Dans le moment où l'Espagne fait tous les efforts possibles pour maintenir don Miguel sur le trône qu'il a usurpé, il ne sera peut-être pas inutile de rappeler la conduite du cabinet de Madrid envers le Portugal en 1826. Alors, au contraire, le gouvernement Espagnol employa tous les moyens imaginables pour renverser le gouvernement *légitime* établi par don Pédro IV, roi *légitime* de Portugal ; et ces indignes manœuvres ne réussirent que trop bien. Il est donc d'autant plus nécessaire d'éclairer le public, que des gouvernemens, qui se disent les défenseurs de la légitimité et de tous les prin-

1.

ripes de justice et d'humanité, ne cachent pas l'appui qu'ils prêtent à l'Espagne et à don Miguel ; et que des vœux en faveur de ce dernier ont même été exprimés ouvertement à la Chambre des Lords en Angleterre, par quelques pairs qui, en d'autres occasions récentes, ont voulu faire croire à l'importance qu'ils attachent à l'indépendance et à l'intégrité du Portugal. Les uns et les autres se fondent sur la crainte de voir éclater en Espagne des troubles qui menaceraient, selon eux, la paix de l'Europe. Mais n'est-ce pas avouer que le gouvernement Espagnol est établi sur des bases bien peu solides, si on craint qu'il soit menacé ou renversé par l'établissement d'une sage liberté en Portugal? Que croire donc aussi de leurs sentimens à l'égard de la révolution française de 1830, si les changemens qui pourraient survenir dans la Péninsule les effraient à ce point? N'est-il pas évident que le but de ces gouvernemens et de ces nobles lords, qui ne peuvent se faire illusion sur l'état déplorable de la Péninsule tout en parlant de la grande prospérité de l'Espagne, ne soit de chercher à rétablir un jour l'absolutisme en France, en se ménageant un allié contre elle lorsque l'occasion se présentera d'attaquer ouvertement les principes consacrés par la révolution de juillet, et d'empêcher en attendant que ses principes ne s'étendent à d'autres pays?

On conçoit ce désir, ces vieilles menées de la part de certaines puissances ; mais que ces intrigues soient partagées par de nobles lords qui disent prendre intérêt au Portugal, voilà ce qui serait difficile à expliquer autrement que nous ne venons de le faire. Au surplus, qu'ils ne s'abusent point en croyant que l'on

5

ajoute foi à leur prétendu intérêt, car les faits sont là
pour les démentir. On sait que ces mêmes lords n'ont
jamais tenu le moindre compte des traités entre le
Portugal et l'Angleterre, quand leurs Seigneuries auraient pu et dû les faire valoir en faveur des institutions *octroyées* par le roi don Pédro. On sait d'ailleurs
qu'ils ont toujours sacrifié le Portugal à l'Espagne; et
certes la conduite de celle-ci ne méritait pas une si
grande partialité. On pourra en juger par la mauvaise
foi qu'elle a montrée dans toutes ses relations avec le
Portugal depuis 1826 jusqu'au retour de don Miguel
à Lisbonne.

Don Pédro ayant été proclamé roi de Portugal à la
mort de son père, Jean VI, il fut reconnu aussitôt
par toutes les puissances, sans en excepter l'Espagne.
Il eut l'idée de donner une constitution au Portugal,
et la lui envoya par sir Charles Stuart. Aussitôt l'Espagne, élevant des doutes sur l'autorité de don Pédro
à cet égard, commença à fomenter en Portugal des
intrigues qui, malheureusement, n'eurent que trop de
succès par le puissant appui qu'elles trouvèrent dans
un grand personnage de fâcheuse célébrité, résidant à
Lisbonne. Les premiers effets de ces trames furent la
désertion de quelques régimens portugais, dès la fin
de juillet 1826. L'accueil qu'on leur fit en Espagne, et
la continuation des mêmes machinations, engagèrent
de nouvelles troupes à suivre cet exemple, et elles furent également bien reçues. On leur fit, il est vrai,
déposer leurs armes, mais on les conserva à leur por-
tée, en leur faisant comprendre que ce n'était qu'une
simple formalité; et on leur permit de conserver toute
leur organisation militaire dans les dépôts qui furent

assignés aux déserteurs portugais, tout près de la frontière de Portugal, pour encore mieux les encourager.

Le gouvernement portugais demanda immédiatement que ces armes lui fussent remises. Le gouvernement espagnol répondit comme Figaro aurait répondu : il avoua la justice de la réclamation, mais il aima mieux ne pas y accéder. Les ministres de la Sainte-Alliance à la cour de Madrid, appuièrent les démarches du gouvernement portugais pour cet objet; mais il s'agissait aussi d'obtenir du gouvernement espagnol la reconnaissance de la nouvelle régence établie en Portugal, en vertu des décrets du roi don Pédro. A cet égard, les ministres de l'Alliance disaient qu'ils ne pouvaient manifester une opinion sans recevoir des instructions de leurs cours respectives ; toutefois, ils raisonnaient sur les décrets de don Pédro, comme s'il n'avait eu aucun droit de les promulguer sans la convocation des anciennes Cortès, à l'instar des Cortès dites de Lamego. Ces Messieurs oublièrent qu'en 1824, seulement deux ans auparavant, ils avaient mis tout en jeu, même les deux princesses portugaises qui résident en Espagne, pour empêcher que le feu roi Jean VI ne convoquât ces mêmes *anciennes Cortès*, comme il l'avait formellement promis. C'est ainsi que ces Messieurs respectent l'autorité des souverains dans les affaires intérieures de leurs pays, quand ces souverains ont l'idée ou sentent la nécessité d'accorder des institutions, et d'étendre les libertés de leurs sujets !

Il est aisé de voir que le langage de Messieurs de la Sainte-Alliance n'était pas fait pour décider l'Espagne même à la remise des armes des déserteurs portugais. On savait bien, et ces Messieurs savaient encorc mieux, que l'Fspagne ne voulait que gagner du temps pour que ces déserteurs pussent se recruter par de nouvelles désertions , et attaquer ensuite le Portugal. Ils n'ignoraient pas non plus que ces déserteurs recevaient très-régulièrement leur solde des autorités espagnoles. Aussi le cabinet de Madrid éluda-t-il toutes les réclamations du gouvernement portugais, jusqu'à ce que le gouvernement anglais, le seul qui fut de bonne foi dans cette affaire [1], envoyât l'ordre à son ministre, M. Lamb, de quitter Madrid si le gouvernement espagnol ne consentait à remettre immédiatement les armes des rebelles aux autorités portugaises. Cette affaire, qui aurait dû être décidée sur-le-champ (comme une demande analogue *de don Miguel*, fut décidée spontanément avec rigueur, dureté, et même avec violence, par ce gouvernement espagnol, lorsque les troupes constitutionnelles portugaises entrèrent en Galice en 1828) traînait déjà depuis trois mois, c'est-à-dire, depuis le 1er. août jusqu'au 1er. novembre 1826, quand le cabinet de Madrid eut connaissance des instructions envoyées à l'ambassadeur d'Angleterre. Alors le Ministre des affaires étrangères, M. Salmon, s'empressa d'annoncer qu'il allait expédier aux capitaines généraux des provinces l'ordre pour la remise des armes ; mais ce n'était qu'une nouvelle fausseté. Les capitaines généraux prétendirent qu'ils devaient attendre de nouvelles instructions. Dès que l'ambassadeur d'Angleterre fut informé de leurs déclarations, il s'adressa de nouveau au gouvernement espagnol qui l'assura , vers le 19 ou le 20 novembre , que de nouveaux ordres

M. Canning était alors premier ministre.

précis, et qui ne seraient pas éludés, allaient être
expédiés.

Peu de jours s'étaient à peine écoulés, quand on
apprit que les rebelles portugais réfugiés en Espagne,
armés de leurs propres armes, et amplement pourvus
de munitions, s'étaient mis en marche contre le Portugal. Le gouvernement espagnol voulut faire croire
que les rebelles s'étaient emparés de force de leurs
armes; mais auraient-ils pu les prendre dans des pla-
ces fortes comme Badajoz et Ciudad-Rodrigo où elles
se trouvaient, si les autorités militaires n'y eussent
consenti ? D'ailleurs, des paysans portugais furent armés dans cette occasion avec des fusils fournis par
l'Espagne, et c'est ce gouvernement même qui fournit
l'artillerie aux rebelles portugais, comme on peut encore
s'en assurer par les canons au chiffre du roi d'Espagne,
qu'ils furent ensuite forcés d'abandonner à Alméida.

On dût être instruit à Madrid de la marche des rebelles, tout au plus tard, deux jours après qu'ils
abandonnèrent leurs dépôts, en supposant même que
le gouvernement espagnol ignorât tout seul leurs intentions et tous les préparatifs qu'ils firent à loisir
pour leur entreprise contre leur patrie, comme était
la concentration de munitions, les approvisionemens
en vivres et en objets d'habillemens, l'achat de che-
vaux, etc., que toutes les lettres des provinces qu'ils
habitaient ne cessaient d'annoncer. Ainsi donc, le
même jour que les rebelles entrèrent en Portugal,
c'est-à-dire le 26 novembre, le gouvernement espagnol
fut informé, pour le moins, de leur éloignement de
leurs dépôts; et cependant, *le 28 novembre*, (deux
jours après que la guerre civile était rallumée en Por-

tugal par cette atroce agression), **M. Salmon** adressa
au corps diplomatique une circulaire *« pour l'assurer*
« que Sa Majesté Catholique avait expédié des ordres
« pour la remise des armes aux autorités portugaises ;
« pour que les réfugiés n'abusassent plus de la géné-
« reuse hospitalité qui leur était accordée, et pour que les
« généraux vicomte de *Canellas* (qui ne fut jamais gé-
« néral en Portugal) *et marquis de Chavès fussent*
« conduits jusqu'à la frontière par des gendarmes et
« renvoyés d'Espagne ! Peut-on porter l'effronterie et
la duplicité plus loin, puisque ce ministre savait
très-bien, comme tout le monde, qu'il y avait plu-
sieurs jours que les rebelles avaient quitté leurs dépôts avec armes et bagages, et que les ordres dont il
parlait ne pouvaient être exécutés ? En lisant cette
note et en se rappelant que quatre mois étaient presque
écoulés sans que le cabinet de Madrid accédât aux réclamations réitérées qu'on lui avait faites, que doit-
on penser de la bonne foi de ce Cabinet, et comment doit-on qualifier sa politique ? Il n'était que trop
évident qu'il s'était joué de toutes ses promesses
comme de toutes les considérations, car il avouait au
28 novembre que les réfugiés avaient abusé de l'hospitalité, malgré qu'il l'eût nié jusqu'à cette époque,
de même qu'il protestait constamment de leur désarmement complet lorsqu'il n'avait été que partiel, et
tout-à-fait illusoire par son résultat : au reste, la suite
montrera encore comment ce gouvernement-là res-
pecte et tient ses promesses.

Le 18 décembre suivant, pour pousser plus loin
l'impudente déception, M. Salmon adressa au corps
diplomatique une nouvelle circulaire toute remplie

de protestations des intentions amicales et pacifiques de son gouvernement envers le Portugal, rejetant sur M. d'Almeida, ministre des affaires étrangères de l'infante-régente de Portugal, tout le tort de la rupture entre ce pays-là et l'Espagne ; et cela, parce que le 27 novembre, dès que M. d'Almeida eut connaissance de l'entrée des rebelles en Portugal, il écrivit au comte de Casa Flores qu'il ne pouvait plus le considérer en sa qualité d'ambassadeur d'Espagne, s'il ne lui donnait pas des explications satisfaisantes sur ce fait inoui. (Voyez document n.° 1). M. d'Almeida connaissait bien toutes les menées de l'Espagne, comme il l'a bien démontré aux deux Chambres législatives, dans les séances du 4 décembre [1] ; il espérait pourtant que l'intervention des ministres étrangers à Madrid arrêterait les effets d'une si grande perfidie ; mais dès qu'il apprit qu'elle était consommée, il ne pouvait agir autrement qu'il le fit envers M. de Casa Flores ; et lorsqu'il était accusé par M. Salmon à Madrid, il ne l'était pas moins à Lisbonne pour sa trop grande modération, par ceux qui ne pouvaient sans doute pas juger de toutes les ramifications de l'infamie du cabinet de Madrid.

La note de M. d'Almeida à M. de Casa Flores était, comme nous l'avons dit, du 27 novembre, et cependant la seconde circulaire de M. Salmon n'a été que du 18 décembre : or, est-il présumable que si les regrets de ce dernier ministre à l'égard de la rupture des relations des deux pays eussent été sincères, il aurait attendu si long-temps pour donner les assurances contenues dans sa circulaire, et n'est-il pas

1 Voyez l'Annuaire historique universel, pour 1826, page 506.

évident que ce retard était spéculatif, et dans l'attente du succès des rebelles en Portugal ? Ce qui le prouve, c'est que M. Salmon n'a manifesté les dispositions pacifiques de son gouvernement qu'après avoir appris les échecs que ces rebelles essuyèrent le 5 décembre à Amarante dans le nord du Portugal, et le 10 du même mois à Arronches dans le midi.

Mais pour qu'on ait une idée plus claire et plus précise de la mauvaise foi et de l'insigne iniquité du cabinet de Madrid, nous donnons ci-après les traductions exactes de deux lettres du capitaine - général espagnol Longa, ainsi que celles des deux notes de M. Salmon. (*Voyez documens* N.ᵒˢ 2 , 3 , 4 et 5). Ce capitaine-général était précisément un des deux auxquels auraient dû être adressés les ordres conciliatoires et pacifiques du ministère espagnol s'ils eussent existés , mais on verra qu'au contraire , le 15 décembre , c'est-à-dire dix-sept jours après la première circulaire de M. Salmon, et trois jours avant la seconde, ce général écrit au vicomte de Montelègre sous le titre de général en second de l'armée royaliste de Portugal; et, le même jour, il écrit également au vicomte de Canellas comme adjudant-général de l'armée royaliste portugaise, de manière à ne laisser aucun doute sur la perfidie des instructions secrètes qu'il avait de son gouvernement, puisqu'il invite ces deux chefs portugais à s'entendre amicalement dans l'intérêt de l'insurrection et de la guerre civile qu'ils provoquaient activement dans leur patrie, soi-disant sous les ordres de l'idiot marquis de Chaves; d'ailleurs, et pour qu'il ne reste aucun doute sur la part que son gouvernement a prise à cette agression , il annonce au vicomte de Canellas qu'il a fait passer des vivres et des munitions à *Puebla de Senabria* et à *Alcanizas* pour parer aux besoins que pourraient en avoir les rebelles. Cette lettre prouve en outre, que Longa n'était allé de Valladolid, sa résidence ordinaire, à Ciudad-Rodrigo, que pour encourager ces rebelles, et leur fournir tous les secours dont ils avaient besoin ; et ensuite, que le général St-Juan, capitaine-général de l'Estramadure, agissait d'accord avec lui dans le même but, et que tous les deux s'entendaient pour diriger et lier les opérations des rebelles Portugais dans le nord et le sud du Portugal.

Est-il donc possible de supposer un seul instant que ces deux généraux, gouverneurs des provinces limitrophes du Portugal, agissaient contre les ordres de leur gouvernement ? M. d'Ofalia lui-même n'oserait l'affirmer. D'ailleurs, il est constaté que, lorsque pour tromper encore le gouvernement anglais, le gouvernement espagnol voulut faire procéder à un simulacre d'enquête sur la conduite du général Longa, celui-ci, qui n'entendait pas plaisanterie, produisit *une copie authentique de l'ordre officiel qu'il avait reçu pour agir en tous points comme il l'avait fait ;* aussi la procédure fut-elle arrêtée sur le coup ; au surplus, et lors même que M. Salmon, comme ministre des affaires étrangères, aurait agi dans un sens opposé à M. Calomardi ou au ministre de la guerre, qui donnaient leurs ordres aux deux capitaines généraux, le roi, qui était instruit de tout, n'aurait-il pas désapprouvé la présence et la conduite du général Longa à Ciudad-Rodrigo, et n'aurait-il pas ordonné son retour immédiat à Valladolid, s'il n'avait été consentant à toutes

ces manœuvres ? D'ailleurs, si par une tardive et insi-
gnifiante réparation, le général Longa fut transféré
au gouvernement général de la province de Valence,
par contre le général St. Juan ne conserva-t-il pas
le gouvernement de l'Estramadure qu'il exerce encore
aujourd'hui ?

Mais reprenons la suite des événemens. Aussitôt
que les ministres des puissances étrangères à Lisbonne,
eurent connaissance de la circulaire de M. de Salmon,
du 18 décembre, ils engagèrent instamment le gouvernement portugais à croire aux protestations du
cabinet de Madrid, et M. de Casa Flores reparut à la
cour de la Régente. C'est aussi à cette même époque
que ces ministres étrangers annoncèrent avoir reçu
des instructions pour la reconnaissance de la régence
de l'Infante Dona Isabelle-Marie, établie à Lisbonne
depuis le 31 juillet. Ils dirent simplement que leurs
gouvernemens n'avaient jamais mis en doute la légalité
de la régence, puisqu'ils avaient reconnu don Pedro
comme roi de Portugal ; et que, d'après cela, ils
n'avaient pas pensé devoir faire aucune nouvelle déclaration à cet effet : cette raison fut prise pour bonne,
comme il le faut souvent en politique, bien que l'attente de quatre mois pour la manifester, parût passa-
blement analogue à la politique de M. Salmon ; tou-
te-fois, nous sommes persuadés que ce retard doit être
plutôt attribué à MM. les ministres étrangers qu'à
leurs Cours respectives.

Cependant les attaques des rebelles ne discontinuè-
rent point. Repoussés trois fois en Espagne, trois fois
ils rentrèrent en Portugal, sans que le gouvernement
espagnol prît des mesures pour les désarmer, ou pour

les empêcher de renouveler leurs agressions. Ce ne fut qu'au mois de février 1827, qu'après maintes défaites successives, les rebelles se trouvèrent tout-à-fait hors d'état de tenir tête aux troupes fidèles commandées par le brave comte de Villa Flor, et qu'ils se refugièrent pour la quatrième fois en Espagne où ils furent enfin désarmés. C'est alors seulement que l'on sépara les soldats des officiers, et qu'ils furent envoyés en Aragon et en Catalogne. Une partie de leurs armes fut remise aussi aux autorités portugaises, mais seulement pour la forme; car, par l'état qui en fut dressé, on pourra vérifier en tout temps le peu de scrupule et de soins que les autorités espagnoles y mirent. En effet, toutes ces armes rendues se trouvèrent abîmées, et entièrement perdues pour le service.

Tout cela avait lieu pendant que le gouvernement portugais repoussait toutes les offres que lui faisaient un grand nombre de troupes espagnoles de passer en Portugal pour le défendre, et pour donner un appui décisif à la cause de la liberté dans la Péninsule; mais fidèle à tous les principes honorables et à ses engagemens, la cour de Lisbonne refusa constamment d'user des représailles qui auraient pu anéantir le gouvernement espagnol.

D'après ce qui vient d'être exposé, on peut se faire une juste idée de la bonne foi du gouvernement espagnol dans ses relations avec les pays à constitutions, dont le voisinage pourrait avoir quelque influence en Espagne; car, depuis lors, ce cabinet n'a pas plus changé de système que de ministres : les mêmes hommes et les mêmes principes de 1826 y sont en permanence. Il est vrai qu'il a perdu l'appui de la

France ; mais c'est-là très-probablement un motif de plus pour que les autres Cabinets redoublent leurs efforts et leurs menées pour conserver l'homogénéité despotique de toute la Péninsule, afin d'y trouver, en cas de besoin, deux alliés dignes de l'Alliance-Sainte...

De là, tous les désirs de consolider l'autorité de don Miguel qui, ainsi qu'on l'a dit justement, se trouve être l'avant-garde de l'absolutisme. A l'Angleterre et à la France, dont la force consiste dans la sage et puissante liberté des deux peuples, appartient donc de déjouer cette nouvelle combinaison anti-sociale, et de détruire l'appui que l'absolutisme et l'iniquité veulent se ménager et perpétuer en Portugal. D'ailleurs est-il juste que ce dernier pays soit toujours sacrifié à l'Espagne ; que l'on doive y éterniser le désordre et la plus hideuse tyrannie, parce qu'il plaît au gouvernement espagnol de l'enchaîner à son misérable char, et de le maintenir dans son abjecte dépendance, ou plutôt de l'entraîner dans sa ruine ?

Si toutes ces considérations pouvaient être méprisées, des sentimens d'humanité, au moins, devraient avoir quelque force pour faire cesser la déférence que les puissances ont eue jusqu'ici pour les caprices et les insinuations, à la fois injustes et fausses, de l'Espagne à l'égard du Portugal, et pour faire abandonner, une fois pour toutes, un prince ordurier et sanguinaire qui, dégradé, avilit la royauté qu'il a usurpée. Elles devraient renoncer, *à temps*, à une politique mesquine, tortueuse et caduque, qui leur sera funeste tôt ou tard, car l'esprit du siècle, comprimé depuis 1814, ne s'est développé que plus énergiquement par cette admirable révolution de 1830 que l'on ne saura plus faire rétrograder, parce que, fondée sur la justice, et développée avec héroïsme et magnanimité, elle sera à jamais le phare des droits et de la civilisation des peuples. On parle sans cesse des complots de la propagande libérale, mais, si elle existe, n'a-t-on pas vu le gouvernement français la renier, et déjouer tous les projets qui pouvaient lui être attribués? D'après cela, de quel droit l'Espagne se met-elle en première ligne pour porter de semblables plaintes; et, lors même qu'elles auraient quelque fondement, ce qui est évidemment imaginaire, est-ce que le Cabinet espagnol n'est pas à la tête de la propogande la plus inique, celle de l'absolutisme et des ténèbres? Ce Cabinet offre-t-il la moindre garantie d'avoir renoncé au système de noires intrigues et de fangeuses déceptions qu'il a exercé naguères envers le Portugal? Aussi, ne peut-on que s'étonner de l'assurance avec laquelle M. d'Ofalia et tous ses compatriotes absolutistes, osent encore à présent même, à ce qu'on dit, accuser le gouvernement français de donner son appui et d'encourager les réfugiés espagnols, quand tous les faits et les lamentations de ces mêmes réfugiés démentent cette accusation. Certes, le gouvernement français ne peut se repentir des preuves de loyauté qu'il a données à l'occasion de la tentative des réfugiés espagnols; mais, sachant assurément que ce n'est pas la volonté qui manque à son voisin pour exciter des troubles en France, il aurait été justifié d'agir autrement qu'il ne l'a fait, par les motifs et d'après le même système qui ont dirigé, et qui dirigent encore le gouvernement espagnol contre le malheureux Portugal. Enfin, n'oublions pas que M. Acosta-Montalègre, ambassadeur d'Espagne à Lisbonne, n'est que le Grand-Visir de don Miguel ; et que si jamais il y eut intervention inique et révoltante d'un gouvernement dans les affaires et l'administration d'un autre pays, c'est celle que le Cabinet de Madrid exerce en Portugal. Ainsi, que les absolutistes espagnols cessent leurs injustes accusations contre la France qui ne pèche peut-être que par trop de longanimité : car, si on peut juger des vues du gouvernement espagnol à l'égard de la France par sa conduite envers le Portugal, comme on le devrait, (et de plus fortes inductions encore ne manqueraient pas), la France serait tout-à-fait justifiée de faire les mêmes efforts pour renverser le gouvernement de Ferdinand, que celui-ci a fait d'une manière malheureusement trop efficace, contre l'autorité éclairée et légitime établie par don Pédro en Portugal. Que l'on ne prétende pas faire croire que les partisans de la liberté en Espagne sont en trop petit nombre pour qu'une tentative appuyée de cette manière y réussisse ; l'insurrection de l'île de Léon, sans le moindre secours étranger, dément cette assertion ; d'ailleurs, on sait que la constitution n'a pu être renversée en Espagne que par la Sainte-Ligue continentale représentée par cent mille baïonnettes françaises.....

Le gouvernement français doit donc se tenir en garde contre les vues secrètes du Cabinet de Madrid, et contre des promesses et des protestations dont on peut, dont on doit avoir appris à apprécier la valeur. Si don Pédro s'occupe enfin de rendre au Portugal, et Dona Maria, sa souveraine bien-aimée, et les sages institutions qui peuvent seules réparer les maux affreux qui accablent ce malheureux pays depuis l'usurpation et la tyrannie de don Miguel, que l'on soit attentif sur la conduite de l'Espagne ; que l'on veille à sa *neutralité* dans cette question toute de justice, toute de droit, toute d'humanité pour Dona Maria, et on saura probablement encore mieux à quoi s'en tenir sur la droiture, la justice et l'humanité du Cabinet de Madrid, et sur ce que la France peut en attendre à l'occasion. [1]

Maintenant, revenons aux nobles lords qui, en plein Parlement comme à la tête du gouvernement anglais, ont montré constamment le désir de consolider l'autorité de l'usurpateur portugais, et se sont déclarés par là, et les défenseurs de la Sainte-Alliance, et les protecteurs de tous les genres de turpitudes et d'iniquités. On ne peut trouver dans leurs harangues comme dans leur conduite, qu'une nouvelle preuve de leur indifférence, de leur mépris pour les deux peuples péninsulaires en général, et pour le sort du malheureux Portugal en particulier. Les discours de ces nobles lords, aujourd'hui, nous rappellent le peu de cas qu'ils firent du Portugal et des Portugais à la paix générale. Jusque là, la cause du Portugal était commune avec celle de l'Angleterre. Le Portugal, il est vrai, n'aurait jamais pu résister seul à Napoléon, mais aussi, sans le secours de l'armée portugaise et du Portugal, le duc de Wellington et son armée n'auraient pu se maintenir long-temps dans la Péninsule, et les offi-

---

[1] Au moment même où nous finissons de tracer ces lignes, nous voyons, par les nouvelles de Lisbonne du 24 octobre, que le gouvernement espagnol fournit à don Miguel des soldats de toutes armes pour accroître sa défense contre don Pédro.

ciers anglais impartiaux avouèrent plus d'une fois que
la cause eût été perdue , si les Portugais se fussent
conduits comme les Espagnols.

Toutefois , la partialité du généralissime anglais pour
les Espagnols était criante , et cependant elle n'influa
jamais sur la conduite des troupes ni du gouvernement portugais. Les Espagnols et leur gouvernement
résistaient au contraire , et contrecarraient souvent le
noble duc ; indisciplinables alors , mal organisés ,
ne sachant se battre qu'en partisans, et jamais comme
les Portugais aux jours décisifs des grands combats ;
jamais non plus ils ne rendirent au général anglais
les mêmes services que les Portugais. Malgré cette in-
justice, et beaucoup d'autres faits qu'il est maintenant
inutile d'énumérer , les Portugais s'attendaient à ce
que leurs intérêts ne seraient pas abandonnés à l'occasion.

Leur attente fut complètement déçue. La place
d'Olivença et le territoire environnant leur avaient été
enlevés au profit de l'Espagne, à la suite d'une guerre
injuste dirigée contre l'influence anglaise. Le révol-
tant traité de Fontainebleau , qui devait plus tard effa-
cer le Portugal de la liste des états de l'Europe , déce-
lait bien plus encore les intentions secrètes de l'Espagne. Il n'y aurait donc eu que simple justice , sans
dédommagement, en faisant restituer Olivença au Portugal à la paix générale comme il le demandait ; mais
tout le monde sait que cette restitution n'a jamais eu
lieu, parce que les plénipotentiaires anglais ne le vou-
lurent pas.

En 1815, le gouvernement portugais n'ayant pas
voulu , avec raison , dégarnir son pays de 10,000

hommes de troupes qui auraient pu lui être nécessai-
res pour sa propre défense, et qu'on lui demandait
cependant pour opposer encore une fois à Napoléon,
tous ses anciens services, ses nombreux sacrifices, les
anciens traités furent tout-à-coup oubliés, et ses intérêts
furent encore une fois complètement méprisés par les
plénipotentiaires anglais.

Plus tard encore, lorsque les troupes portugaises
entrèrent seules à Montévideo, parce que l'armée
du général Morillo, qui devait coopérer avec elles
se rendit à une autre destination, sans que le gouvernement espagnol en prévint le gouvernement portugais,
les mêmes plénipotentiaires anglais épousèrent aveu-
glément la cause de l'Espagne, et appuièrent ses plaintes, sans vouloir tenir le moindre compte des attaques que le Brésil avait essuyées de la part des insurgés de la Plata.

Oubliant que le pavillon anglais avait flotté sur les
tours du Tage, lors de l'évacuation de Lisbonne par
l'armée du général Junot, ces mêmes plénipotentiaires
accusèrent encore hautement les Portugais d'avoir
arboré le pavillon portugais à Montevideo ! Mais comment songèrent-ils à arranger cette affaire ? en pro-
posant au Portugal de céder à l'Espagne tout le territoire qu'il possède sur la rive gauche du Guadiana en
échange de celui de Montevideo dont l'Espagne n'était
plus en possession, qu'elle avait pour ainsi dire aban-
donné, n'ayant fait aucun effort pour le reprendre aux
insurgés de la Plata, et qu'elle n'a jamais pu réoccu-
per depuis !!!........

Il est inutile d'observer que l'on ne doit pas calcu-
ler l'importance de ces deux territoires par leur éten-

duc, car celui de la rive gauche du Guadiana aurait été pour le petit royaume de Portugal, déja morcelé par l'Espagne, une perte immense; tandis que le territoire de Montevideo, situé dans un autre hémisphère, n'aurait jamais été une compensation pour le Portugal, vu la disproportion qui existe entre ce royaume et l'Espagne, sans prévoir même la séparation du Brésil d'avec la mère patrie qui s'est opérée depuis; aussi le ministre de Portugal à Madrid repoussa-t-il immédiatement cette proposition, et refusa même de s'en occuper.

Or, quel était ce généralissime si injuste envers les Portugais, quoique si prodigue de leur sang et de leurs ressources, et à la fois si partial pour les Espagnols? Quels étaient ces plénipotentiaires anglais qui, au mépris d'anciens traités et de sacrifices continuels, oublièrent ou méprisèrent le plus ancien allié de l'Angleterre, tout en s'instituant, bon gré mal gré, ses représentans et ses fondés de pouvoirs en 1814 et en 1815? Quels sont enfin ces arbitres conciliateurs qui voulaient faire à l'Espagne la part du lion, et réduire considérablement le territoire portugais déjà réduit, affaibli et exténué, à cause de son alliance avec l'Angleterre? Il va sans dire que ce ne sont que les mêmes nobles lords, ces illustres Torys, furieux anti-réformistes, défenseurs des bourgs pourris et de don Miguel, qui maintenant ne cessent d'en appeler aux traités pour maintenir cet usurpateur sur son trône d'ossemens ensanglantés, le reconnaissant légitime, et voulant en cette qualité lui assurer l'intégrité *de ses états,* menacés, disent-ils, tantôt par les Portugais fidèles de Terceira, tantôt par l'entrée dans le Tage d'une escadre française et par la prise de quelques vieux navires de guerre.

On est donc plus qu'autorisé à révoquer en doute toutes les assertions de quelques individus, nobles lords ou non, mais torys anti-réformistes, sur l'importance qu'ils attachent à l'intégrité du Portugal. Dans le temps, ils accusèrent Jean VI d'être l'agresseur contre l'Espagne, parce que la tranquillité du Brésil lui commandait impérieusement de refouler les insurgés de Montevideo ; et aujourd'hui leur sollicitude pour l'Espagne leur fait craindre pour elle un changement en Portugal, qui ne serait pas une révolution. Est-ce ou n'est-ce pas de la partialité pour l'Espagne et pour le despotisme ? Les coups de canons devant Terceira démentent-ils nos assertions ?

Les mêmes nobles lords ont beaucoup appuyé sur la nécessité d'empêcher que le gouvernement français n'obtint de l'influence en Portugal. Cela se comprend dans l'intérêt anglais. Mais sont-ils également jaloux de l'influence que l'Espagne exerce dans ce pays-là ? N'ont-ils pas eux-mêmes favorisé l'influence espagnole par leur conduite machiavélique pendant qu'ils étaient à la tête des affaires publiques de l'Angleterre, et n'ont-ils pas ainsi contribué puissamment au malheur et à la dégradation du plus ancien, du plus fidèle allié de L'Angleterre? L'histoire des relations du Portugal avec le gouvernement anglais, depuis le retour de don Miguel à Lisbonne jusqu'au changement du ministère Wellington, n'est qu'une preuve continuelle de l'appui manifeste que don Miguel a reçu de ce pitoyable ministère.

L'effroyable fantôme du Jacobinisme, qui lui était présenté sans cesse par des Espagnols dénationalisés, par quelques misérables Miguélistes de Lisbonne à la solde anglaise, par leurs propres émules anglais en fait d'absolutisme, ne cessait, comme il ne cesse encore, d'épouvanter ces nobles et héroïques lords. Des personnes, dans l'opinion desquelles ils avaient cependant de la confiance, et qui devaient leur en inspirer par leur caractère, avaient beau leur dire que les Jacobins ne pouvaient pas prendre racine en Portugal ; que l'histoire des dernières années avait bien montré leur faiblesse par le manque d'appui dans la nation qui est essentiellement pacifique et sage, rien ne pouvait faire impression sur les imaginations fantasmagoriques de leurs Seigneuries : tant il est vrai que les passions vives, comme l'amour et la haine, produisent l'aveuglement le plus complet même sur des personnes qui, d'ailleurs, ne peuvent être dépourvues de connaissances et de jugement. Or, toutes les affections des nobles lords sont absorbées par leur sympathie pour don Miguel, pour son oncle Ferdinand, pour les gibets, les cachots, l'inquisition et la Sainte-Alliance ; de même que toute leur exécration est vouée à tout ce qui est lumière, justice, réforme, liberté et constitutions.

C'est ainsi que chez eux, même la libre volonté d'un souverain reconnu légitime, le serment prêté par les peuples, n'ont aucune valeur, et doivent céder à leur fameux principe : « *avec une constitution il n'y a pas de légitimité.* » Car un souverain n'est jamais censé agir librement s'il donne une constitution, et s'il veut la maintenir ; et un serment n'est jamais valable en faveur d'institutions libérales.

Nous ne terminerons point sans déclarer que nous n'avons voulu parler que des sentimens et des méfaits politiques de quelques individus qui ne rougissent point de se proclamer, au XIX.e siècle, les coryphées du despotisme et des ténèbres; et que notre intention n'a pu être aucunement d'accuser les nations auxquelles ces sicaires de la liberté appartiennent; et, à plus forte raison, d'accuser la noble patrie des Canning et des Grey, dont les ministères ont droit à la vénération des peuples; car c'est surtout au sens droit, à la rectitude de sentimens et à la dignité de caractère de la nation anglaise en général, que l'on doit de ne pas avoir vu s'accomplir les vœux sinistres et honteux, souvent manifestés en plein Parlement, en faveur du tyran portugais. Aussi est-il permis d'espérer que la présence de la jeune Dona Maria pour la seconde fois en Europe, ne lui sera pas aussi funeste que la première.

Nous devons dire également qu'en traitant de l'Espagne, nous n'avons voulu que dévoiler l'indigne tactique de son gouvernement, et nullement accuser l'énergique nation espagnole qui, quoiqu'on en dise, déborde constamment son détestable gouvernement par le progrès de ses lumières; aussi ne doutons-nous pas que, quoiqu'au repos momentanément par suite d'un accablement transitoire, l'Espagne et le malheureux Portugal ne tarderont pas à se réhabiliter dans l'opinion européenne.

Peut-être nous accusera-t-on de signaler la Sainte-Alliance comme si nous étions encore en 1815, tandis qu'on la dit en partie désorganisée, qu'il n'est question que du désarmement général, voire même, selon quelques journaux, d'une alliance remarquable, et lorsque enfin le baromètre de la Bourse monte avec assurance et rapidité ; certes , nous sommes très-persuadés du haut degré de confiance que le Roi-Citoyen , l'élu de la France , et son Gouvernement , doivent inspirer aux Puissances , par la marche toute loyale et pacifique des relations avec l'étranger ; cependant , nous aurons toujours besoin de fortes garanties pour croire à la sincérité des démonstrations amicales de quelques puissances , surtout quand certains personnages étrangers , ainsi qu'on nous l'assure , ne cessent de dire à demi-voix dans quelques salons de Paris , dans ce moment même , « *Que , malgré l'ex-* « *cellent ministère français , et le bon sens de la nation,* « *les principes de la révolution de juillet ne pourront* « *pas se maintenir long-temps ;* » assertion insidieuse , qui ne se réalisera pas plus que les efforts de leurs gouvernemens dans ces mêmes vues n'auraient de succès ; mais , bien au contraire , nous prédisons , à notre tour , à ces Messieurs , que rien ne fera rétrograder la France , et n'empêchera la réforme générale des peuples opprimés , comme le sont ceux de la Péninsule.

En résumé , tout en nous félicitant des garanties de paix et de prospérité que nous offrent la haute position et la force de la France , dans ce moment , et l'intérêt bien entendu des gouvernemens du continent , nous ne croyons pas moins qu'il y a des cabinets incorrigibles comme certains esprits , ainsi que nous pensons l'avoir démontré , et que semble le justifier la déclaration récente de M. le Ministre des Affaires étrangères à la tribune des Députés de la France : Croyez-moi , Messieurs , *quelque effort que la haine* « *puisse faire contre nous ,* vous aurez toujours quatre mois pour vous préparer à la guerre. » [1]

[1] Moniteur n. 309 , du 5 novembre 1831 , 2.ᵉ supplément.

DOCUMENS.

N. 1.

Note adressée par M. Don Francisco d'Almeida, Ministre des Affaires étrangères de Portugal, le 27 novembre 1826, à M. le comte de Casa Florès, ambassadeur d'Espagne à Lisbonne.

« Le soussigné , ministre secrétaire-d'état des affaires étrangères , a l'honneur de communiquer à S. Exc. le comte de Casa-Florès que le gouverneur de la province d'Alentejo annonce, en date d'hier, qu'il est entré à Villa-Viçosa un corps composé de rebelles portugais qui s'étaient réfugiés en Espagne, lesquels, pour cette invasion , avaient reçu des armes des autorités espagnoles. Il résulte également du rapport du gouverneur de l'Alentejo que 500 fusils ont été distribués à des paysans portugais qui se trouvaient sur les frontières, et qu'un parc d'artillerie s'apprêtait à sortir de Badajoz, par ordre supérieur, pour aller se réunir aux insurgés ; le tout contre le droit des gens , et malgré les assurances réitérées données tant au soussigné, par M. le comte de Casa-Florès, qu'au comte de Villa-Réal et au ministre de S. M. B. à Madrid, par S. Exc. M. Salmon.

« A la vue d'un fait si étrange, et tout-à-fait inconnu parmi les nations civilisées, le soussigné est contraint de communiquer à S. Exc. M. le comte de Casa-Florès, d'après les ordres qu'à cet effet il a reçus de S. A. la princesse régente , que , tant que le gouvernement de S. M. C. n'aura pas donné des explications claires et satisfaisantes sur une insulte aussi inouie, S. Exc. le comte de Casa-Florès sera considéré comme suspendu de ses fonctions d'ambassadeur.

« Le soussigné a l'honneur de prévenir S. Exc. M. le
comte de Casa-Florès que l'on a pris toutes les mesures né-
cessaires pour qu'il ne soit manqué, en aucune manière,
au respect et aux égards dus à la personne de son Excellence
et à sa suite.

« Le soussigné profite de cette occasion pour renouveler
à son Excellence les protestations de sa très-haute considération.

» Au palais d'Ajuda, le 27 novembre 1826.

Signé, D. Francisco d'Almeida. »

N. 2.

*Note communiquée par M. Salmon, ministre des affaires
étrangères d'Espagne (ad interim) aux légations
d'Angleterre, de France, de Russie, d'Autriche et
de Portugal, à Madrid, le 28 novembre 1826.*

« Excellence,

« J'ai l'honneur de vous communiquer par ordre du roi,
mon auguste maître, qu'ayant fait connaître à S. M. que
les transfuges portugais, réfugiés en Espagne, s'étaient ré-
voltés dans leurs dépôts, avaient fait une invasion en Portugal, abusant de l'hospitalité généreuse qu'on leur avait
accordée en Espagne, et surprenant la vigilance et la bonne
foi des autorités des lieux où ils se trouvaient en dépôt; le
roi, mon auguste maître, a appris le tout avec le plus grand
déplaisir, et S. M. désirant réparer le mauvais effet que
peut produire un événement si inattendu, et empêcher
que, par la suite, on n'abuse plus de l'hospitalité généreuse
qu'on accorde aux étrangers qui s'y réfugient, a daigné décider que les capitaines généraux des provinces frontières
du Portugal feraient connaître, par des courriers extraordi-
naires, qu'ils ont effectué la remise des armes et effets ap-
portés en Espagne par les transfuges portugais, et qu'ils
ont, en même temps, reçu les effets et les armes que les
déserteurs espagnols avaient portés en Portugal ;

« Que les mêmes capitaines-généraux feraient rentrer dans l'intérieur, et à 60 lieues des frontières, tous les émigrés portugais existant en Espagne, en les séparant de leurs chefs et officiers, et ne plaçant dans chaque dépôt que 40 hommes au plus, lesquels y resteront sous le commandement d'officiers espagnols.

« S. M. a également ordonné aux mêmes capitaines-généraux qu'à l'avenir ils ne reçoivent plus de Portugais armés en Espagne, et qu'à tous les autres qui y entreront, il ne soit donné d'autre secours que réception et asile, tel que le commande l'humanité.

« Et, en ce qui concerne les généraux vicomte de Canellas et marquis de Chavès, les ordres les plus péremptoires ont ont été donnés pour qu'ils ne soient plus tolérés dans ce royaume, et pour qu'ils en sortent conduits jusqu'à la frontière par la gendarmerie.

« Finalement, il est ordonné aux capitaines-généraux, commandant des provinces frontières, sous leur responsabilité, de remplir exactement, et dans toute leur étendue, les dispositions sus-énoncées.

« Ces ordres ont été expédiés hier soir aux capitaines-généraux commandant les provinces limitrophes, et il a été également expédié un courrier extraordinaire à l'ambassadeur de S. M. à Lisbonne, lui rendant compte du tout, et lui prescrivant d'en instruire le gouvernement portugais.

« S. M. désirant toujours ne se départir en rien de la ligne de conduite politique qu'elle s'est tracée à l'égard du Portugal, et voulant aussi éviter tout ce qui pourrait fournir un prétexte pour altérer les relations qui subsistent entre les deux pays, a jugé convenable de m'ordonner de faire cette communication à votre Excellence, pour qu'elle veuille bien en instruire son gouvernement, qui, comme l'espère le roi, mon auguste maître, verra dans tout ceci une nouvelle preuve du désir que S. M. a de ne pas consentir à ce que l'on trouble, sous aucun prétexte, la tranquillité publique dont jouit l'Europe, et d'éviter, autant qu'il sera en elle, tout ce qui pourrait compromettre cette tranquillité.

« Votre Excellence verra que ces mesures que le roi, mon maître, a daigné prendre, résolvent complétement les difficultés qu'elle a daigné me proposer dans sa dernière note, me demandant à ce sujet une explication.

« Je profite de cette nouvelle occasion d'assurer à Votre Excellence la considération très-distinguée, etc.

Signé SALMON.

« Madrid, le 28 novembre 1826. »

N. 3.

Ciudad-Rodrigo, le 15 décembre 1826.

Lettre du capitaine-général Francisco de Longa, au Vicomte de Montealègre, chef en second des rebelles portugais.

ILLUSTRISSIME ET EXCELLENTISSIME SEIGNEUR,

Et mon cher et estimable Monsieur. J'ai reçu votre lettre du 9 courant, et j'ai répondu au vicomte de Villa-Garcia aussi longuement que l'exige et le contenu de sa lettre et l'importance de la cause que vous défendez. Cela m'évite d'entrer dans des détails avec votre Excellence. Je dois seulement ajouter ici l'expression du mécontentement que j'éprouve de voir que votre Excellence s'écarte des promesses qu'elle m'avait faites. Les conséquences peuvent en être funestes pour votre cause et pour votre Excellence, parce que tout finira par paraître au jour.

Je prie donc votre Excellence avec instance, par l'affection que je lui porte, de chercher à vous entendre avec le viconte de Canellas, et d'agir d'accord avec lui, par les motifs très-puissans que je fais connaître à Monsieur votre frère, le vicomte de Villa-Garcia ; je me flatte, d'après cela, que vous ne me donnerez pas lieu à revenir sur cette désagréable affaire.

Je suis avec la plus grande considération, de votre Excellence, l'ami le plus affectueux,

Signé FRANCISCO DE LONGA.

A Son Excellence, Monsieur le vicomte de MONTEALÉGRE.

L'adresse porte : *A son Excellence, Monsieur le vicomte de Montealègre, second général en chef de l'armée royaliste portugaise.*

N. 4.

Ciudad-Rodrigo, le 15 décembre 1826.

Lettre du même capitaine-général Longa au vicomte de Canellas, soi-disant adjudant-général des rebelles portugais.

ILLUSTRISSIME ET EXCELLENTISSIME SEIGNEUR.

Mon cher ami. J'ai devant les yeux vos deux lettres des 5 et 6 du courant, et j'ai reçu aujourd'hui celles des vicomtes de Villa-Garcia, Montealègre et Madureira. Le premier me mande tout ce qui s'est passé depuis Bragance jusqu'à Villa-Real, et me fait comprendre le manque de bonne intelligence qui existe entre vous et Montealègre ; et ce dernier se rapporte dans sa lettre à tout ce que m'écrit son frère.

Je lui recommande instamment, moitié par des menaces et moitié par des exhortations, à se tenir vis-à-vis de vous dans la subordination qui vous est due, par les motifs que vous connaissez très-bien ; malgré cela, l'expérience me porte à croire que jamais vous ne vivrez en paix les uns avec les autres, et me fait craindre que la division qui règne entre vous ne finisse par causer votre perte ; surtout en ne profitant pas de l'occasion la plus favorable qui s'offre à vous d'obtenir un triomphe complet avec l'enthousiasme et la résolution des habitans.

Il m'est fort sensible de vous entretenir si souvent de ce même sujet; mais j'espère que, de votre côté, vous contribuerez à mettre entièrement fin à une désunion si funeste.

Je vous envoie ci-jointes deux lettres du général Magessi, qui, d'après ce que St-Juan me mande, se trouvait le 5 en face de l'ennemi; ce dernier avait 700 hommes de cavalerie, mais la division d'Andalousie étant arrivée ce jour-là fort à propos, s'est réunie à lui Magessi.

Je désire que vous vous mettiez en communication avec lui, comme il l'est déjà avec Jordaô. Ce dernier m'a fait consentir à la prise d'Almeida; mais elle traîne plus que je ne l'aurais désiré, car, avec la possession de cette place, vous obtiendrez, outre l'avantage de l'effet moral, ceux d'avoir un point d'appui en cas de revers, et de faire votre jonction avec lui.

Je préviens Villa-Garcia des munitions et des vivres qui se trouvent à Puebla de Senabria et à Alcanizas, et desquelles on n'a pas encore disposé, probablement parce qu'on croit ne pas en avoir besoin; tandis que de mon côté, je suis convaincu qu'elles deux peuvent vous manquer.

Je compte retourner à Valladolid dès que j'aurai la nouvelle de la prise d'Almeida; et, dans ce cas, vous me ferez parvenir votre correspondance par l'entremise du gouverneur de cette place.

Adieu, mon ami, conservez-vous en bonne santé, et croyez-moi toujours votre dévoué serviteur.

Signé F. DE LONGA.

P. S. Je reçois dans ce moment même, 7 heures du soir, une lettre de St-Juan, du 10, par laquelle il me mande que le 7 les Portugais de sa province et de l'Andalousie

se trouvaient sur la droite du Guadiana, mais qu'il en igno-
rait la position exacte ; qu'une guérille de paysans avait
été battue par les troupes constitutionnelles dans le voisinage de cette même rivière , mais que c'était peu de chose ;
qu'il avait pris des mesures pour que la communication
entre Badajoz et Valverde del Fremo soit libre ; et moi-
même je vais m'occuper de l'établir d'ici à cette ville-là ,
afin que nos communications soient plus promptes.

N. 5.

Note adressée par M. Salmon , Ministre des Affaires
étrangères d'Espagne , le 18 déc. 1826 , à M. Lamb ,
Ministre plénipotentiaire de S. M. B. , à Madrid , et
communiquée à tous les autres Ministres étrangers de
la même résidence.

Monsieur ,

« J'ai élevé à la connaissance du roi , mon auguste maître , la note que vous m'avez adressée le 16 du courant, et
dans laquelle vous me communiquez les différentes déter-
minations que le gouvernement de S. M. B. a jugé à propos
de devoir adopter aussitôt qu'elle a été instruite de l'invasion des transfuges portugais réfugiés en Espagne, et de la
décision prise, à l'occasion de ladite invasion, par S. M. C.,
décision que j'ai eu l'honneur de communiquer officielle-
ment , tant à vous, Monsieur, qu'à tous les représentans
des puissances amies et alliées de l'Espagne, par ma note
du 28 novembre dernier.

» S. M. C. a vu avec la plus grande satisfaction que les
assurances et les décisions insérées dans madite note ont
produit les résultats qu'on devait en attendre sur le Cabinet
de S. M. B.

» Lorsque les décisions sus-énoncées étaient prises par

le roi, mon auguste maître, S. M. éprouvait une vive satisfaction en manifestant combien elle était affectée de l'abus que les Portugais avaient fait de l'asile qu'elle avait daigné leur accorder dans ses domaines ; et le roi n'était pas moins satisfait en donnant de nouveau les preuves les plus positives et les plus évidentes de son désir d'éloigner tout ce qui pourrait servir de motif ou de prétexte pour altérer les relations de bonne intelligence qui existent entre son gouvernement et le gouvernement portugais. Pour mettre de plus en plus en évidence les désirs du roi, mon auguste maître, j'ai détaillé dans ma note les mesures prises pour en obtenir l'effet, et elles prouvent que l'on veut empêcher la reproduction d'autres événemens aussi désagréables, qui pourraient compromettre les relations des deux pays.

» Dans tout cela, S. M. n'a fait que répéter et confirmer ce qu'elle avait dit et fait antérieurement ; et si, par malheur, quelques événemens ont eu lieu, qui puissent sembler contraires au système adopté par le roi, mon auguste maître, ils doivent être attribués à la situation même où s'est placée l'Espagne pour éloigner tout motif de soupçon sur sa conduite politique, qui *n'a eu et n'aura jamais pour but* que le maintien de la bonne intelligence avec le Portugal, et l'éloignement scrupuleux de tout ce qui pourrait la compromettre ou l'altérer ; à quoi S. M. C. conserve l'espoir flatteur que le gouvernement de S. M. F. coopérera.

» Vous reconnaîtrez cette vérité, et vous remarquerez les désirs de S. M. pour le maintien de la paix, en observant qu'elle n'a pas fait retirer son ambassadeur de Lisbonne, malgré l'offense faite à son caractère par la décision précipitée de le suspendre de ses fonctions. La remise de l'artillerie et celle du bâtiment de la marine, qui conduisit à Ayamonte les transfuges portugais des Algarves, la mise à votre disposition du dépôt d'armes d'*Alcanices*, que les circonstances ont empêché de remettre aux autorités portugaises, sont encore des faits qui corroborent de plus en plus la marche décidément adoptée par le gouvernement espagnol pour que la paix ne soit point troublée.

» Les communications entre l'Espagne et le Portugal s'étaient maintenues, et avaient donné des résultats positifs, nonobstant une circonstance particulière à l'Espagne, celle d'avoir vu le ministre portugais, à Madrid, cesser ses fonctions ; événement qui n'a presque eu lieu dans aucune des Cours de l'Europe où tous les anciens agens du feu roi D. Jean VI ont été conservés ; et si les relations entre les deux pays ont été dernièrement interrompues, ce n'a été que la conséquence de la décision prise par le gouvernement portugais envers l'ambassade de S. M. C.

» Nonobstant tout cela, le roi, mon auguste maître, prenant en la plus sérieuse considération tout ce que vous m'avez communiqué par ordre de votre gouvernement, et désirant donner une preuve nouvelle et incontestable de sa ferme résolution de maintenir la paix et d'éloigner tout ce qui pourrait la compromettre, S. M. m'a ordonné de vous faire savoir qu'elle est disposée à recevoir un agent public de la part du gouvernement de S. M. T. F., le roi D. Pédro, aussitôt que le comte de Casa-Florès sera rétabli à Lisbonne dans l'exercice de ses fonctions.

» Cette nouvelle déférence que S. M. C., montre pour les désirs de S. M. B., jointe aux nouvelles assurances d'exécuter les décisions que je vous ai indiquées dans ma note du 28 novembre, dont l'exécution vient d'être recommandée de nouveau, prenant en même temps les mesures de précaution qui la rendent effective, est une nouvelle démonstration du désir sincère qu'a le roi, mon auguste maître, de maintenir le repos public de l'Europe, et une garantie solide des intentions pacifiques de S. M. C.

» D'après cette assurance, le roi, mon maître, se flatte de voir terminer d'une manière satisfaisante tout accident qui pourrait survenir, et qui semblerait en opposition avec les principes manifestés, lesquels coïncident avec ceux que vous m'avez annoncés par ordre de votre gouvernement ; et S. M. espère aussi que l'exposition franche, loyale et véridique que j'ai l'honneur de vous faire de ses augustes senti-

mens, produira le résultat de faire évanouir tout espèce de
soupçons qui ont pu exister jusqu'à présent, ainsi que celui, non moins important, de ne varier sous aucun aspect
l'état militaire de la Péninsule.

» Je profite, etc.

» Manuel Gonzales Salmon,

A M. le Ministre de S. M. B.

» Au Palais, le 18 décembre 1826. »

www.ingramcontent.com/pod-product-compliance
Lightning Source LLC
Chambersburg PA
CBHW061335050726
47595CB00005B/1932